CONOCE LOS CICLOS DE LA NATURALEZA

CICLOS EN EL ESPACIO

BRAY JACOBSON

TRADUCIDO POR ALBERTO JIMÉNEZ

Gareth Stevens PUBLISHING

ENCONTEXTO

Please visit our website, www.garethstevens.com. For a free color catalog of all our high-quality books, call toll free 1-800-542-2595 or fax 1-877-542-2596.

Library of Congress Cataloging-in-Publication Data

Names: Jacobson, Bray, author.
Title: Ciclos en el espacio / Bray Jacobson.
Description: New York : Gareth Stevens Publishing, [2020] | Series: Conoce los circlos de la naturaleza | Includes bibliographical references and index.
Identifiers: LCCN 2018039578| ISBN 9781538243916 (pbk.) | ISBN 9781538243930 (library bound) | ISBN 9781538243923 (6 pack)
Subjects: LCSH: Astronomy—Juvenile literature. | Eclipses—Juvenile literature. | Seasons—Juvenile literature. | Moon—Phases—Juvenile literature. | Earth (Planet)—Orbit—Juvenile literature. | Solar system--Miscellanea—Juvenile literature.
Classification: LCC QB46 .J33 2019 | DDC 523.002—dc23
LC record available at https://lccn.loc.gov/2018039578

First Edition

Published in 2020 by
Gareth Stevens Publishing
111 East 14th Street, Suite 349
New York, NY 10003

Translator: Alberto Jiménez
Editor, Spanish: María Cristina Brusca
Designer: Sarah Liddell

Photo credits: Cover, p. 1 (main) vovan/Shutterstock.com; cover, p. 1 (inset) SW.ART/Shutterstock.com; arrow background used throughout Inka1/Shutterstock.com; p. 5 Vadim Sadovski/Shutterstock.com; p. 7 muratart/Shutterstock.com; p. 9 Jurik Peter/Shutterstock.com; p. 11 Vadim Petrakov/Shutterstock.com; pp. 13, 15, 19, 23 (background) guteksk7/Shutterstock.com; pp. 13 (diagram), 17 Designua/Shutterstock.com; p. 15 Studi8Neosiam/Shutterstock.com; p. 19 (diagram) Ramona Heim/Shutterstock.com; p. 21 sNike/Shutterstock.com; p. 23 (diagram) shooarts/Shutterstock.com; p. 25 Athapet Piruksa/Shutterstock.com; p. 27 sdecoret/Shutterstock.com; p. 29 Markus Gann/Shutterstock.com; p. 30 Castleski/Shutterstock.com.

Printed in the United States of America

CPSIA compliance information: Batch #CS19GS: For further information contact Gareth Stevens, New York, New York at 1-800-542-2595.

CONTENIDO

Las palabras del glosario se muestran en **negrita** la primera vez que aparecen en el texto.

EN EL ESPACIO

Lo que sucede en el espacio afecta, y mucho, a la vida en la Tierra. De hecho, las estaciones o la duración de la noche son causadas por los ciclos de movimiento de la Tierra a través del espacio. La Luna, el Sol y las estrellas ¡también pasan por ciclos!

SI QUIERES SABER MÁS

Un ciclo es un conjunto de pasos o acciones que ocurren una y otra vez en el mismo orden. A veces, una parte de un ciclo se llama *fase*.

EL CICLO SOLAR

El Sol tarda unos 11 años en moverse a través de su ciclo, en completarlo. Las manchas solares, unas zonas oscuras en la superficie del Sol, les dicen mucho a los científicos sobre lo que está sucediendo durante el ciclo solar. Estas manchas pueden convertirse en tormentas solares que ¡envían energía al espacio!

SI QUIERES SABER MÁS

Las manchas solares aparecen más oscuras en las fotos porque no están tan calientes como el resto del Sol. Sin embargo, ¡están a unos 6,500 °F (3,593 °C)!

La primera parte del ciclo del Sol se llama *mínimo solar*. Entonces, el número de manchas visibles en el Sol disminuye. A medida que el Sol se mueve hacia su máximo, el *máximo solar*, van apareciendo más manchas en su superficie. Es importante observar las manchas solares porque pueden afectar a la Tierra.

SI QUIERES SABER MÁS

Al final del ciclo solar, el **campo magnético** del Sol se modifica. Esto significa que los polos norte y sur del Sol ¡cambian de lugar!

Cuando la actividad solar aumenta, como tormentas solares, puede causar **auroras** en el cielo de la Tierra. También puede afectar a las comunicaciones de radio y a la electricidad terrestre, así como al funcionamiento de los **satélites**. ¡Lo que sucede en el espacio afecta de verdad a nuestras vidas!

SI QUIERES SABER MÁS

Cuando hay mucha actividad solar, ¡trabajar en el espacio se vuelve peligroso para los astronautas!

AURORA

LA TIERRA SE MUEVE

La Tierra gira sobre su eje, es decir, rota. Una rotación completa de la Tierra dura unas 24 horas, un día terrestre. Cuando parte de la Tierra se enfrenta al Sol, es de día en esa parte del planeta. Cuando parte de la Tierra queda de espaldas al Sol, allí es de noche.

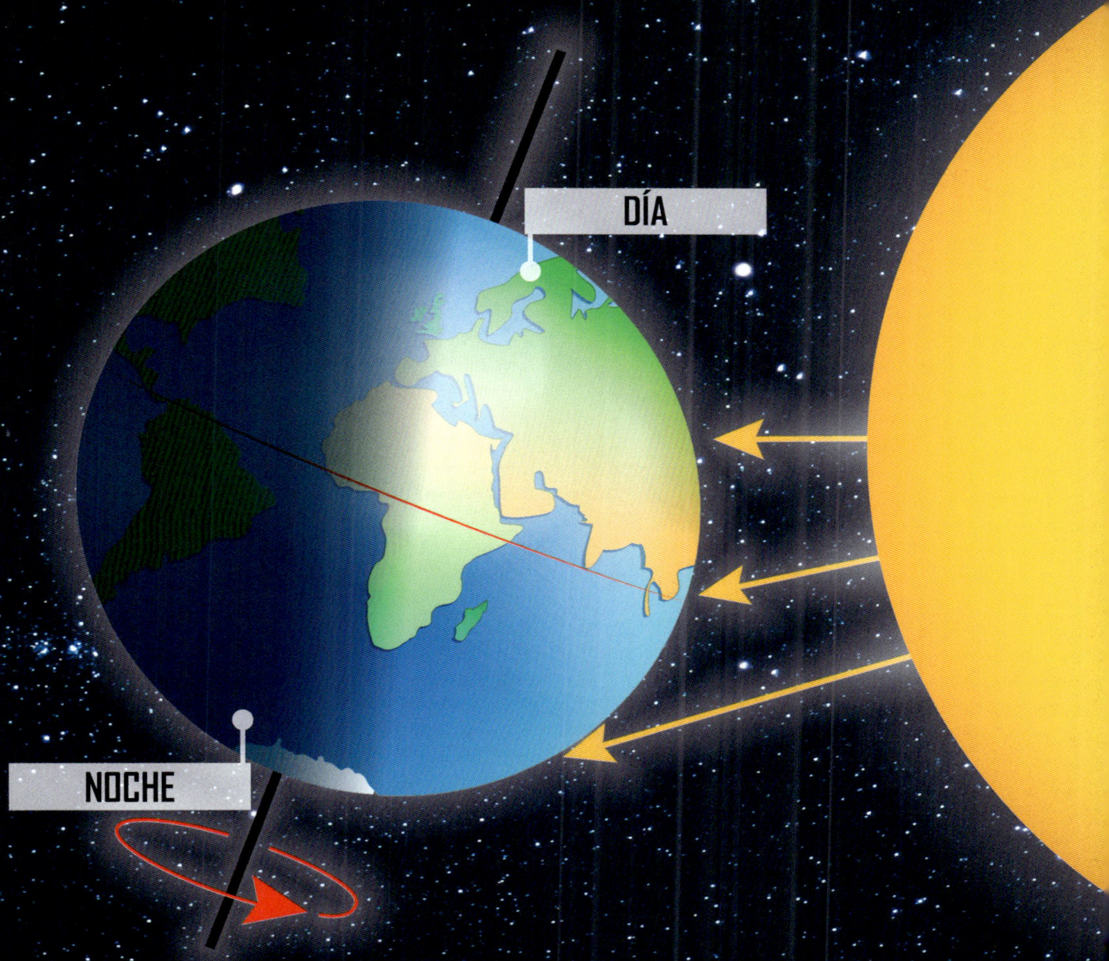

SI QUIERES SABER MÁS

La Tierra rota sobre un eje o línea imaginaria alrededor de la cual da vueltas algo.

La Tierra también orbita, es decir, se mueve alrededor del Sol. Esto se conoce como *revolución de la Tierra u órbita terrestre*.

Una revolución alrededor del Sol dura un poco más de 365 días, es decir, un año terrestre. La órbita de la Tierra se parece a una elipse, figura parecida a un círculo ligeramente aplanado.

SI QUIERES SABER MÁS

Durante su órbita, la Tierra no siempre está a la misma distancia del Sol. Se aleja hasta 94.5 millones de millas (152 millones de km) y se acerca a 91 millones de millas (146 millones de km).

El eje de la Tierra es **inclinado** y siempre apunta en la misma dirección. Así, a medida que la Tierra gira, sus diferentes partes reciben mayor o menor cantidad de luz solar directa. Según la época del año, el polo norte y el sur se encuentran más o menos cerca del Sol. Esta es ¡la causa de las estaciones!

SI QUIERES SABER MÁS

La inclinación de la Tierra controla la altura que alcanza el Sol en el cielo en todos los lugares de la Tierra cada día del año.

Los **hemisferios** norte y sur —por encima y por debajo del ecuador, respectivamente— no tienen las mismas estaciones. Cuando es invierno en el hemisferio norte, es verano en el hemisferio sur. Esto también tiene que ver con la inclinación de la Tierra y la revolución del planeta alrededor del Sol.

SI QUIERES SABER MÁS

El ecuador es la línea imaginaria que rodea la Tierra, dividiéndola en el hemisferio norte y el hemisferio sur. En el ecuador, ¡las estaciones no cambian! Siempre hace calor y el Sol está alto en el cielo.

¿CICLOS ESTELARES?

La rotación y revolución de la Tierra también crean ciclos de estrellas en el cielo. Las estrellas parecen moverse durante la noche: parece que se elevan, salen, por el este y se ponen por el oeste. Sin embargo, es el movimiento de la Tierra lo que hace que aparenten moverse de esa manera.

SI QUIERES SABER MÁS

Todas las estrellas —el Sol incluido— tienen órbitas en nuestra **galaxia**, la Vía Láctea. Sin embargo, están tan lejos que tiene que pasar mucho tiempo antes de que notemos su movimiento.

A medida que la Tierra orbita en torno al Sol a lo largo del año, son **visibles** diferentes constelaciones para diversas partes de la Tierra. Parece que se mueven hacia el oeste en el cielo pero, en realidad, lo que sucede es que dichas partes de la Tierra miran hacia una dirección distinta del espacio durante el invierno y durante el verano.

MAPA DE LAS CONSTELACIONES DEL HEMISFERIO NORTE

SI QUIERES SABER MÁS

Una constelación es un grupo de estrellas que parecen formar un dibujo o **patrón**. Con el tiempo, los **astrónomos** han dividido el cielo en 88 constelaciones.

EL CICLO LUNAR

La Luna parece cambiar de forma en el cielo según la miremos en unas fechas o en otras. ¡No es así!

Lo que cambia son las partes de la Luna que podemos ver en el transcurso de un mes. El ciclo de la Luna, llamado *ciclo lunar*, se divide a menudo en ocho fases.

SI QUIERES SABER MÁS

La Luna orbita alrededor de la Tierra. Puede parecer que se agranda o se reduce en el cielo porque su órbita es elíptica. La Luna se acerca y se aleja de la Tierra durante su órbita.

No importa el momento del ciclo lunar, siempre vemos solo una cara, o lado, de la superficie lunar.

La luz del Sol **ilumina** la faz de la Luna: cuánta parte de esta faz lunar se ve iluminada desde la Tierra depende del **ángulo** existente entre las respectivas posiciones de la Luna y el Sol.

SI QUIERES SABER MÁS

No importa dónde estés en la Tierra, ¡verás la misma fase de la Luna que todos los demás!

Cuando la Luna está completamente iluminada, se llama *luna llena*. Cuando aparece totalmente sin iluminar, se llama *luna nueva*. Entre estas fases, la Luna solo está parcialmente iluminada. Las fases menguantes significan que la parte de la Luna que aparece iluminada tiene cada vez menor tamaño; las fases crecientes muestran una luna más iluminada.

SI QUIERES SABER MÁS

Las fases de la Luna cambian lentamente. Por ejemplo, las fases crecientes y gibadas ¡duran una semana cada una, más o menos!

FASES DE LA LUNA

GLOSARIO

ángulo: figura geométrica formada por dos rectas o dos planos que se cortan en una superficie o en el espacio.

astrónomo: persona que estudia las estrellas, los planetas y otros cuerpos celestes.

aurora: suceso en el cielo en el que aparecen corrientes de luz debido a la energía extra en la atmósfera terrestre o a los gases que la rodean.

campo magnético: área situada alrededor de un imán donde se percibe su atracción. La Tierra también tiene un campo magnético propio.

galaxia: gran grupo de estrellas, planetas, gases y polvo que forman una unidad dentro del universo.

hemisferio terrestre: la mitad de la Tierra. La mitad superior es el hemisferio norte y la inferior, el hemisferio sur.

iluminar: proyectar luz sobre algo.

inclinado: que tiene un lado más alto que el otro.

patrón o pauta: modo en que los colores, las formas o los acontecimientos se suceden una y otra vez.

satélite: objeto lanzado al espacio (mediante un cohete) que da vueltas alrededor de la Tierra para recoger y enviar información o servir como plataforma de comunicaciones.

visible: que puede ser visto.

PARA MÁS INFORMACIÓN

LIBROS

Ipcizade, Catherine. *Phases of the Moon*. North Mankato, MN: Pebble, 2018.

Mader, Jan. *How Do Planets Move?* New York, NY: Cavendish Square Publishing, 2019.

SITIOS DE INTERNET

The Phases of the Moon
www.natgeokids.com/au/discover/science/space/the-phases-of-the-moon/
Lee más aquí sobre el ciclo lunar.

What Is an Orbit?
www.nasa.gov/audience/forstudents/5-8/features/nasa-knows/what-is-orbit-58.html
Aprende más sobre órbitas espaciales en este sitio de la NASA.

Nota del editor para educadores y padres: nuestro personal especializado ha revisado cuidadosamente estos sitios web para asegurarse de que sean apropiados para los estudiantes. Muchos sitios web cambian con frecuencia, por lo que no podemos garantizar que posteriores contenidos que se suban a esas páginas cumplan con nuestros estándares de calidad y valor educativo. Tengan presente que se debe supervisar cuidadosamente a los estudiantes siempre que tengan acceso al Internet.

ÍNDICE